별빛도 못갖춘마디

정나영 시조집

목언예원

이 도서의 국립중앙도서관 출판예정도서목록(CIP)은 서지정보유통지원시스템 홈페이지(http://seoji.nl.go.kr)와 국가자료공동목록시스템(http://www.nl.go.kr/kolisnet)에서 이용하실 수 있습니다.(CIP제어번호: CIP2018023922)

별빛도 못갖춘마디

지은이 · 정나영
펴낸이 · 민병도
펴낸곳 · 목언예원

초판 인쇄 : 2018년 8월 10일
초판 발행 : 2018년 8월 15일

목언예원
출판등록 : 2003년 2월 28일 제8호
경북 청도군 금천면 선바위길 53 (신지2리 390-2)
전화 : 054-371-3544 (팩스겸용)
E-mail : mbdo@daum.net

ISBN 978-89-94733-70-8 03810

본 서적은 2018 대구문화재단 개인예술가창작지원(문학)으로 출간되었습니다.

대구문화재단 Colorful DAEGU 문화체육관광부

가격 : 10,000원

별빛도 못갖춘마디

정나영 시조집

목언예원

시인의 말

분주한 일상을 둘러메고
쉬지 않고 달리던 어느 날,
저만치 밀쳐두었던 시조에게
문득 미안한 생각이 들었습니다.

아직은
어설픈 농부의 작은 시 밭 하나를
조심스레 펼쳐 봅니다.
설익은 시간들에게
햇살 가득 쪼이고 싶습니다.

그를 처음 만나
한없이 설레던 마음으로
다시 묵묵히 걸어가고자 다짐해 봅니다.

2018년 팔월에
정나영

CONTENTS

별빛도 못갖춘마디

— 정나영 시조집

PART 03 | 풀벌레의 붉은 울음 • 43

PART 04 | 무채색 당신 자리 • 59

01 그대 오늘 기뻤나요

징검돌
겨울
멸치장국을 우리며
눈 내리는 밤
감자
안경
길
그릇
해녀
드라이플라워
등나무
겨울나무
내 마음의 보석상자

징검돌

막 구워낸 스테이크
소기름이 몽글하다

괜찮다며 먹는 남자
기어이 떼내는 여자

부시다, 따로 또 같이
어떤 봄날 건너는

겨울

저 완강한 가시덤불
고갯길도 절며 갔지

밤새도록 걸었지만
아직도 처음 그 자리

새들은 철조망 넘어
북쪽 하늘 나는데…

멸치장국을 우리며

가야 할 길이 멀어 생각도 허기진 날은
마른 멸치 한 줌으로 장국을 우려낸다
퍼렇게 일어선 물결, 바다도 함께 우린다

오기도 부끄러움도 끓는 열탕 속으로
한 시대의 사투리가 짤막하게 지나가면
수평 밖 거친 물결도 은빛으로 날이 선다

파도의 등솔기를 갑판 위에 남겨두고
해체된 속살만큼 편서풍에 실려오는
섬 하나 닻을 내리고 가만히 와 앉는다

눈 내리는 밤

가로등도 잠이 깊어 혼미한 새벽 앞에
잃어버린 기억처럼 눈이 온다, 하얗게
아마도 감출 것 많은 지난날을 덮나 보다

마주보지 않으려고 문간 밖에 내버려 둔
뜨거운 숨결도 어지러운 발자국도
한순간 슬픔을 건너 꽃이 되어 일어선다

간절한 마음일수록 수화조차 필요 없고
박수를 준비하는 객석의 고요처럼
마침내 홀로 깊어져 어둠마저 환하다

감자

흙바닥에 뒤채여도
속살 여문 다짐 하나

누군가의 허기 채울
하얀 소명召命 북두 되리

노부부 이 빠진 한 끼
저 지순한 저녁상

안경

'제 눈에 안경'이란 참 태평스런 말이다

제대로 본다는 것은 외롭게 맞서는 일

저만치 심지를 돋워 지면 안을 넓힌다

길

마음 한켠 시려올 땐 찻물을 올린다
내 색깔 다 지우고 고요에 기대앉으면
슬며시 산이 건너와 빈 잔에 앉는다

바람 따라 걸어온 길 돌아보지 않으려고
다가가면 갈수록 슬픔만이 선명하다
눈 붉혀 외면한 자리 꽃잎 한 장 놓인 채

비우면 비울수록 채워지는 게 삶이었나
그 많던 고비 넘어 홀로 걷는 새벽녘에
풀잎도 젖은 귀 열고 환하도록 길을 낸다

그릇

부뚜막 귀퉁이에 이 빠진 채 주저앉아
김치 국물 덮어쓰고 온몸 흠뻑 젖어도
태생이 천한 몸이라 투덜대지 않는다

덜그럭 부대끼다 아픈 상처 굳은 걸까
절름발이 막내아들 가랑비로 다녀간 날
사발째 시큼한 눈물 밤새 안고 출렁인다

눅눅한 부엌살이 드문드문 밑간 배도
삐걱대는 문소리에 털어내는 새벽 단잠
보리밥 마른 골짜기마다 감자꽃이 환하다

해녀

등이 굽은 길순씨 오늘도 바다에 간다
파도에 밴 총포 소리 이명처럼 들려와
북촌리* 바닷길에는 바람마저 꺾어 운다

썰물에 뛰어든 몸, 목구멍에 엉킨 짠내
섬집 아기 외손녀는 울다 지쳐 잠이 든다
온종일 톳에 붙잡힌 매양 오는 슬픔처럼

비릿한 가난을 풀어 홀로 삭인 가슴앓이
고무옷 속 흥건한 죄 갯바위에 부딪쳐도
수평선 밀어낸 바다, 어시장이 열린다

*제주 4 · 3 사건의 피해 마을

드라이플라워

숨 불면 금방이라도
생기 돋을 아픈 이름

핏물 번져 붉던 치마
칼바람에 바스락대도

되 피는 꽃이고 싶어
목마름을 딛고 선다

등나무

마주 서면 낌새챌까
감아드는 작은 몸짓

내밀한 소문처럼
그림자가 부푼다

풀수록 더욱 옥죄는
너와 나의 엉킨 생각

겨울나무

온 몸이 찢어져도 내 길을 가야 했다
한 방울 남은 피가 빙점 아래 언다 해도
예정된 길을 재촉하며 바람도 날을 세웠다

지나간 춤사위에도 놓지 못한 그리움 하나
끝끝내 보듬지 못해 가지마다 새기는 말
내일은 햇살과 함께 초록으로 돌아오리라

남녘에서 배가 오면 고운 잎새 달아준다는
서투른 위로에도 슬픔은 반이 되고
목 메인 가슴 귀퉁이 불씨 다시 모은다

내 마음의 보석 상자

내게는 자물쇠 없는 낡은 상자 하나 있다
손때 묻은 시간들이 가지런히 누운 필통,
찬물 괸 빈손이 시려 열어보는 그런 상자

길 아닌 줄 알면서도 진흙 속에 발 담근다
신발 밑창 닦다 보면 지우개만 두 동강나
눈 감고 숨을 고르던 꼭두 같은 지난날

종종대며 접은 하루 책상 위에 펼쳐든 밤
그대 오늘 기뻤나요, 글썽이는 눈망울들
아팠던 시간을 끌고 은하수를 건넌다

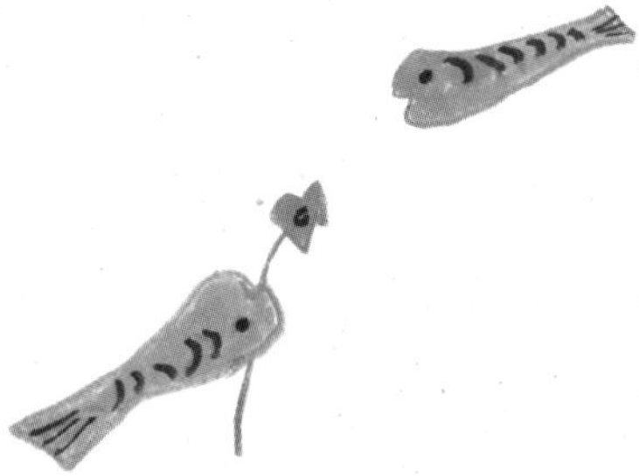

02 바람이 일어설 때

끈

감기 앓는 딸아이, 적도의 한낮이다

열꽃진 마음 달래듯 부채질 가만가만

뽀오얀 젖내가 아려 품에 안고 놓지 못한

헌화

또 한 생
건너는 길
침묵마저
간절하다

코스모스
등에 업은
영정 속
환한 얼굴

당신이
꽃이었음을
꽃 든 내가
부끄러운

껍데기

무심히 내버려 둔 소쿠리 속 귤 껍데기
어머니 노란 블라우스 앞섶이 헐렁하다
칠남매 떠나보내고 먼 기별만 기다리는

애월 바람 숭숭 들던 판잣집 아린 기억
떠밀리듯 뭍으로 와 호미질 굽은 생이
젖꼭지 등에 붙인 채 쪼글쪼글 누워 있다

내가 껍질 되고서 헤아리는 당신 무게
물기 빠진 살가죽에 오롯이 남은 향기,
비워도 가볍지 않은 어머니가 말라 있다

깃들다

가로수 잘린 윗동 집 잃은 까치 한 쌍
거리로 쫓겨나와 쉼 없이 가지 나른다
윤사월 꽃샘바람이 여린 꿈을 흩는 저녁

바람이 일어설 때 까치는 둥지를 튼다
제 부리 짓이기며 더 촘촘히 엮는 근성
보고도 눈이 먼 사랑, 내 어머니 긴 숨 같은

붙여넣기

커서*가 깜빡이는 건 주의하라는 신호다
순식간에 몰려와 이름을 에워싸고
몸집을 키워나가는 저 태연한 이방인들

맨발로도 꿋꿋하던 재취업의 시름 깊어
밀쳐낸 지난 일들 슬며시 껴안는다
겹겹이 포개진 착각, 허공을 걸어오고

구인란에 밑줄 긋고 요리조리 재어보면
이름 끝에 눌러앉아 거만 떠는 꼬리표들
속마음 들키고서도 내가 나를 덧칠한다

*커서 : 마우스 커서(mouse cursor)

소나기 1

–하차투리안 토카타*

무대 위를 점령하듯
하차투리안 우렁찬 음성

카프카즈 기웃대던
침입자를 호통친다

유유히 떠나간 자리
빛 푸른 전설 한 토막

*소련 그루지아 작곡가의 피아노곡

소나기 2
-빗살무늬토기

젖은 흙을 반죽해 장작불에 묻어놓고
오지 않는 시간을 밤새워 기다리는
암사동 늙은 도공의 얼굴빛이 어둡다

마른 볍씨로 잠든 유년의 길을 버리고
몇 생을 걸어서 온 따스한 동굴 같은
질그릇 환한 숨결에 풀꽃들이 눈을 뜬다

푸른 꿈 담아 둘까, 슬픔으로 묵힐까
예리한 실선 따라 귀가를 서두를 때
한 줄기 낡은 소나기 움집 밖을 지난다

종이컵

요리 초보 레시피 따라 덩그러니 불려나와
적막 깊은 간장 한 컵 품에 안고 기다린다
은퇴한 상사 곁에서 다소곳한 부하처럼

한 끼 덮밥 익는 동안 으스러진 늑골 통증
꾸깃꾸깃 접혀진 중년남자 쓸쓸함 같은,
언제쯤 거뭇한 속을 노래로 피워낼까

원형탈모증

딸아이 고 3이니 덩달아 수험생이네
뒤돌아 혼잣말하며 속내를 감추지만
머릿속 길모퉁이에 슬그머니 생긴 공터

손금 같은 함수 공식 허물 벗듯 내리네
행여나 길 아닐까 경계 넘지 못하고
저만치 달아나버린 내 유년의 미로 찾기

맥없이 주저앉다 다시 잡은 마음 중심
시계추에 갇힌 시월 꽃잎이듯 다독이네
둥글고 환한 방 하나, 눈꽃처럼 부시네

현관

눈부신 햇살 아래 발걸음이 천근이다
밀쳐내도 밀려오는 허물 벗은 절망들이
또 하루 젖은 외투를 무겁게 벗겨준다

새끼발 생채기는 아직 빨간 꽃잎이다
신발 끈 조여매고 첫새벽을 깨우면
별빛도 못갖춘마디, 시린 가슴 데운다

오래된 책을 묶다

책꽂이가 휘도록 빼곡 꽂힌 전공 서적
빳빳한 표지 위에 끼 부리는 책 제목들
서로가 하얀 침묵으로 곁눈질이 한창이다

포장도 뜯지 못한 책장 잠시 뒤적이면
줄 맞춘 활자들이 꿈틀대며 일어선다
백지설 솔깃한 유혹 두근대던 시간 넘어

에밀*을 펼쳐놓고 뜬 눈으로 지새우던
나도 함께 묶어낸다, 팽팽한 책 더미에
허공에 가뒀던 생각 슬그머니 버린다

*루소의 에밀

꽃편지

팔랑팔랑 봄마중 간
순이의 치맛단에

몰래 쓰다 들킬까봐
복사꽃 수북 담았다

수줍어 눈 꼭 감으면
연분홍빛 꽃사태

동피랑 벽화마을에서

하늘 아래 엉킨 골목 지번마저 흐려졌다
보름 뒤면 발 치켜들 포클레인 기계음들
봄 햇살 비켜간 담장, 뼈도 시려 주저앉은

가파른 벼랑 끝에 바짝 붙은 냉이꽃처럼
눈물을 꾹 참으며 마을 아래 띄운 소원
눈빛이 따뜻한 화가, 노을 짙은 붓을 든다

할아버지 구멍가게 덜컹대는 문을 열고
동화 속 어린 왕자 성큼성큼 걸어 나와
잔기침 멀리 흩고서 붉은 해를 당긴다

죽녹원 일기

삼대째 일궈오는 청대밭집 김씨 아들
나이 어린 블랑카이* 사십 넘어 맞는 날
하늘이 부케를 엮어 온 마을이 대꽃이다

부자父子는 말이 없이 대밭을 걷고 걸었다
밥보다 귀한 새 순 죄다 꺾어 회초리 맞던,
그날 밤 자정을 넘겨 장대비가 겨우 그친

"아부지, 고맙당께요" 젖어드는 댓잎소리
호롱불 꺼질세라 평생 야윈 가슴 속에
백년도 마르지 않을 탯줄 길게 엮는다

*우리나라에 시집 온 필리핀 신부

03 풀벌레의 울음

구절초

비탈길에 터 잡고도
원망 한번 한 적 없다

아홉 번 꺾인 가지
송두리째 뽑히던 밤

하늘과 마른 땅 사이
빠른 균열 가파르다

시작詩作

밤새 비는 자박대며 꽃무릇을 희롱하고

시 한줄 쓰지 못해 머릿속은 하얀 감옥

한 소절 금빛 노래를 번개처럼 맞고 싶다

겨울 수성못

길을 묻는 안개 속에 물소리 쟁여두고
계절은 가슴 깊이 상처를 감추지만
속마음 드러난 자리, 만연체로 흔들린다

칼날 같은 바람이면 저 산쯤 밀어낼까
낡은 목선 기웃대며 떨고 있는 새 한 마리
목마른 수초 사이로 아픈 다리 숨긴다

차라리 눈 귀 닫은 섬으로나 앉을 것을
뒤척이는 잔물결을 가슴으로 껴안으면
길 놓친 낮달 하나가 물그림자로 서성인다

장마

해마다 유월이면 어김없이 오르는 신열
때로는 알레그로, 더러는 안단테로
이 땅의 방방곡곡을 점령하는 저 손길

논둑이 터져버린 몇 개의 지번 위로
노숙의 한 끼처럼 해는 잠시 지나치고
젖어서 더욱 목마른 풀벌레의 붉은 울음

숨겨도 드러나는 슬픈 이름, 수용소처럼
다 헤진 외투 위로 뼈가 불쑥 튀어나온다
아픔을 가로질러서 손짓하는 하늘강

봉숭아

깁스 속 어머니 손 가을 내내 갇혀 있다

봉숭아물 들이며 데려가시던 동화 속에

때 이른 첫눈이 내려 소녀 적을 앓으시나

보리수*

이별을 전하지 못해
먼 발자국 깊어지고

쉬어가라, 위로 대신
눈싸리꽃 피운 그대

달빛만 저리 천천히
아픈 사연 읽고 있다

*슈베르트 가곡 '겨울 나그네' 중 5곡

색 바랜 스웨터

이삿날을 앞두고 마음만 더 분주하다
괜히 꺼낸 옷장 서랍 구겨진 스웨터 하나
몇 년을 묵혀뒀길래 기억마저 아슴할까

갓 시집와 매섭던 겨울, 연분홍빛 곱다시며
어머님 사다 주신 맏며느리 첫 설빔이었다
철없이 촌스럽다며 더 깊숙이 밀쳐뒀던

좀먹은 주름마다 서러움 묻어나도
낡고 바랜 옷소매에 문득 번진 당신 분내,
그 향기 곱게 접어서 서랍 깊이 넣는다

지하철 환승역에서

저마다의 행선지로 운동화 끈 조인 저녁
3호선 갈아타려고 시청역에 내렸다
허기진 시간의 뒷목 철길 따라 휘어지고

행렬 속에 멈춰선 곳, 우뚝 솟은 계단 아래
헐떡이며 올라서니 문패처럼 낯선 역명驛名
거대한 지하 그물망에 꼼짝없이 갇힌다

그쯤서 길을 물어 돌아가야 했던가
늘 한 뼘 지나쳐서 노선표를 다시 읽던,
흩어진 더듬이 모아 발걸음을 재촉한다

자운영

타향살이 반은 눈물
웃어도 반은 슬픔

죽어서는 제 몸 삭혀
논고랑을 적신다

보랏빛 수의를 입은
눈이 선한 성자 같은

공중전화

모반謀反을 동여맨 채
묵묵히 선 독거의 방

수배령에 쫓긴 남편
생사라도 알고 싶은

아내의 하염없는 눈물
수화기에 갇힌다

빨래를 삶으며

시커먼 얼룩에다 뽀얀 가루 풀었다

거품이 부풀수록 조바심이 커져가고

한순간 감춰 두었던 욕심과도 손잡았다

부끄러운 삶의 자국 모두 던져 넣었다

하얀 속살 드러나는 처절한 저 몸부림

순결한 목화솜처럼 거듭나는 꽃이여

풀치터널*을 지나며

강진만 해풍 이고 들어선 터널 안에
옛 기억 빗장 풀듯 바람 한 점 맴돌고
선비는 구름을 따라 고개고개 넘는다

꼭 감은 두 눈 사이 몇 겹의 꽃이 져도
꼿꼿한 가부좌로 되새기는 뿌리의 말
학승들 글 읽는 소리 새벽길이 환하다

심호흡 길게 하며 빠져나온 좁은 출구
돌아본 백미러에 하늘은 먹빛이고
펼쳐둔 다산문답에 매화향이 절로 맑다

*전라남도 영암과 강진을 연결하는 터널

금계국

겨우내 저리 품어
이제 막 부화한 걸까

키 재던 병아리들
하늘 바라 부르는

종종종 젖은 돌림노래
철길 따라 달린다

04 무채색 당신 자리

월광 소나타
–1악장

라인강에 달이 뜬다
이백년 전 가라앉은

귀 먹은 베토벤이
수면 위로 건진 고요

속살을 내 준 달빛에
피어오른 아다지오

불면증

어머니 근심인양
머릿속이 찬바람이다

꿈일까, 그 어머니
내 안에 모셔 와서

주름진 세월을 태워
그리움을 달이는 밤

좌판

생각이 시릴수록 허기 깊은 저물녘
외면당한 채소들이 노을처럼 누워있다
두고 온 손주 얼굴이 파리하게 흔들리고

무심한 발길에도 자리 차마 접지 못해
몇 번을 세어 봐도 겨우 단돈 몇 천원뿐
백발의 여든 생애를 똬리 틀어 앉힌다

부르튼 손끝마냥 하루해가 버겁지만
내일은 아닐 거야 스스로를 달래며
말없이 굽은 허리를 어스름에 기댄다

풍경

바람의 긴 자락이 휘감기는 겨울 산사

낡은 기와 추녀 끝 빈자리를 지키며

조용히 어둠 흔들어 솔가지를 깨운다

속절없이 앓아야만 저 미륵이 웃어줄까

한 번쯤은 침묵하며 하늘 뜻 헤아릴 것을

기어이 울음을 건너 먼 길 홀로 가고 있다

하오

기어이 정전이다
멈춰버린 지구 모퉁이

어항 속 열대어들
작은 입만 뽀끔뽀끔

아이는 안타까운 듯
입김 자꾸 불어준다

섬

–위안부 할머니

쑥물 든 강둑 지나
남해행 막차는 가고

쿨럭대던 신발 한 짝
섬이 되어 홀로 앉네

백년을 기다리고도
다시 세는, 또 그 봄

수술실에서

문 하나 사이 두고 사선死線을 넘나든다

주섬주섬 떠올리는 푸릇했던 시간들

뜨겁게 젖은 눈시울, 두려움이 고인다

납작하게 몸을 누인 이순의 저 마른 뼈

삐걱대는 바퀴 차에 빈들 함께 내리면

가녀린 햇살 한 자락, 긴 팔 뻗어 안는다

어스름 길

몇 보따리째 꺼내놓은 쓸모없고 낡은 짐
"우리 가고나면 이 많은 걸 다 뭐하게"
뒤꿈치 두꺼운 각질, 생의 무게 견딘다

기침 잠긴 오후 두 시 시장기도 보내고
읽지 않을 일기 쓰듯 웃자란 풀을 뽑는다
겹겹겹 바람이 훑은 단정한 저 생각의 뼈

그림자 하나 둘씩 지우며 환해진 길
골똘한 외로움도 골목 끝에 내리고
넉넉한 눈빛 한 짐을 빈 수레에 담는다

이불

모서리 시접 접어
한 땀 한 땀 꿰맨다

고이 개어 한켠에 둔
무채색 당신 자리

굽은 등 나보다 작은
아버지의 겨울밤

신화마을* 아이의 기도

파란 고래 등에 타면
울 아빠 마중가나요

흰 조각배 노 저으면
하늘 끝에 갈 수 있나요

깨진 창 밝게 비추는
엄마별이 보고 싶어요

*울산 신화마을

난장이가 쏘아올린 작은 공*

막무가내 던지고 간 강제 철거 경고장
난장이 김 노인의 낯빛이 파래진다
평생을 버텨온 내력 종이보다 가벼운

번지수 찢겨버린 단칸방도 호사였나
쪽잠 속 깃발 꽂던 천국인 줄 몰랐다
끊어진 기타줄 감고 노래 없이 봄은 가고

폐수에 던져진 팽지 가쁜 숨 할딱일 때
아버지, 난생 처음 쇠공을 쏘아올린다
푸른 색 지붕을 넘어 햇살 맑은 내일 향해

*조세희(1942~)의 단편소설

걱정

텔레비전 오래 보면
바보 된다 야단치더니

엄마, 아빠 저녁 내내
채널돌리기 시합하신다

부모님 바보 될까봐
리모컨을 숨겼다

지진 경보

반 1등인 진수는 미적분에 빠져 있다

"니 머리 제일 아깝다, 책상 밑에 빨리 온나"

다급한 꼴찌 혁이 놈, 부딪치는 목소리

05 다시 쓰는 일기

이른 봄

키 작은 병아리들
창틀 아래 모여 앉아

손가락 고물고물
색실 뜨기 하는 정오

댓돌에 앉은 바람이
끼워 달라 보챈다

낮달

파킨슨에 갇혀버린 누이의 봄이 짧다

부재중 전화번호 꽃잎으로 덮어두고

첫 소절 목젖에 걸린 고향의 봄, 내내 섧다

오어사 운韻

한 사내의 눈빛 닮은 오어지를 품에 안고
저 바람은 알았을까, 꽃신 속 시린 발을
자장*의 충혈된 눈 따라 산허리를 오른다

천년 등불 환하다며 서벌徐伐 멀리 탑을 세워
층층이 숨을 불어 금실 잣듯 쌓던 화엄
법문이 지워진 자리 뻐꾹새만 홀로 운다

발아래 좁은 다리 출렁이는 사람들
비켜 앉은 산그늘에 멍든 상처 내려두고
구만리 풀어진 녹음에 내 그림자 지운다

*신라의 고승(590~658), 선덕여왕 12년에 황룡사에 9층탑을 세우기를 간청함.

다시 쓰는 일기

사춘기 아들에게 별 거 아니다 달래놓고
소문처럼 밀려드는 13월의 봄이 아파
서둘러 잎 틔운 가지 귓속말로 어른다

하루에도 몇 번씩 바싹 마른 꽃이다가
오래 전 노랫말에 소매 끝이 금방 젖는,
쉰 고개 넘는 꽃길엔 잔돌들이 많나 보다

불면의 밤을 털고 시린 발로 걸어간 길
여자도 어미도 아닌 내 안의 숲 깊고 깊어
세상 속 갇힌 주문을 입김 불어 닦는다

유성싸인펜 1

오늘은 그 이름을
다시 떠올리려 해

곁에 두지 못하고
빗소리에 보낸 그대

비 내린 유리창위에
손 편지를 적는다

유성싸인펜 2

퇴화된 생각을 꺼내 반질반질 윤을 낸다

좁아진 시야 속에 제 스스로 갇히는 일,

동구 밖 돌 틈 사이로 베 모자 쓴 민들레

자운영 들판에서

이름을 몰라도 보랏빛이 마냥 좋아
흐드러진 논두렁을 뛰어놀던 어린 시절
아직도 비릿한 꽃내 아리도록 피는데

트랙터에 무너져 아팠을 몸짓이여
잘린 뿌리 파편들이 빈 들판을 적시고
모질게 다가오는 꽃잎, 저녁놀이 거둔다

낙엽

내 혀를 에워싸던
그 숱한 언어들

이제는 훌훌 털고
맨몸으로 나선다

은행잎 책장을 덮고
명상에 든 그대 위해

찻잔

내리다 만 첫눈처럼
그녀 음성 야위어간다

다 닳은 품에라도
흔들리고 싶었을까

슬픔이 빈 잔에 넘쳐
젖지 못한 저 길목

포로수용소에서
–거제

갑판 위로 쏟아지는 함경도 젖은 사투리
다 낡은 철조망으로 갈라놓은 마음처럼
실밥이 뜯긴 자리에 베인 자국 선명하다

팽팽하게 당길수록 촉각은 더 날이 서고
말갛도록 풀지 못한 이 땅의 만성 두통
외줄로 휘청거리며 빈 소문만 매달린다

피로 물든 골짜기마다 바람 더욱 붉다지만
어릴 적 따스한 날들 목구멍에 걸려 와
수평선 넓은 품으로 햇덩이를 껴안는다

해무海霧

수평선 뒤로 밀며
뱃길 몰래 밟고 와서

누가 저 물살 위로
연막탄을 피우나

반역은 저리도 깊어
귀 먼 도시 가둔다

붉은 꽃

산부인과 대기실에서 딸아이를 떠올립니다
한 톨 씨로 꼬물대다 무지개 물고기 되어
은비늘 파닥거리면 내 바다가 환해지던

두려움이 파도치면 어머니가 밀려옵니다
새벽마다 두 손 모아 내 무늬결 짜 주신
눈물도 비워낸 동굴, 마른 꽃을 겁니다

차례가 호명되어 진료실로 향하는 길
쟁여둔 슬픔 위로 가을비 포개지고
꽃으로 붉은 꽃으로 살아갈 이유 새깁니다

봄볕

장롱 속 낡은 이불
봄볕에 내다건다

섣달그믐 꽁보리밥
다 식을까 폭 싸안던

묵묵한 손길이고 싶다,
당신 시름 고이 덮을

기다림

갓 삶은 국수 면발 찬물에다 헹군다

열기 빠져 쫄깃해진 체반 위의 하얀 속살

모가 난 생각을 썰어 오색 고명 얹는다

작품해설 06

자성적 성찰을 배경으로 그려낸 은유의 깊이

/민병도

자성적 성찰을 배경으로 그려낸 은유의 깊이

민 병 도 | 시인, 국제시조협회 이사장

1.

시를 쓰는 일은 현실의 한계와 이상적 가치와의 간극을 좁히는 개별적 조율작업에 다름이 아니다. 여기에는 물론 개인적인 환경과 처해진 상황에 따라 다양한 방법과 수단이 선택되기 마련이다. 때로는 자기만족의 문자노래가 되기도 할 것이고 경우에 따라서는 결핍의 허구적 접근수단으로 이용하기도 할 것이다. 바꾸어 말하면 자신의 생각이 기대치를 넘어도 시가 될 수 있고 자신의 생각이 현실적으로 부족하여도 시는 쓰일 수가 있다. 문제는 시대적 환경에 따라서 실용적 가치가 달라진다는 점이다.

과거 필기문화사의 창사唱詞로서의 의미와 다중의 공유를 전제한 인쇄문화시대의 효용성은 시를 비평하는 기준에서부터 확연히 달라진다. 두말할 나위도 없이 시를 인쇄한다는 것은 불특정 다수에게 읽히고 공감대를 확보하고자 하는 목적에서 출발한다. 흔히들 쉽게 하는 표현으로 아마추어리즘의 소산물인가 아니면 프로페셔널 한 작품인가의 차이일 것이다. 아마추어라면 자신의 만족이 우선 목적일 것이고 프로의 경우는 자신의 만족과 다중의 공감대를 구성요소에 포함시켜야 한다.

물론 오늘날의 모든 시편들은 많은 다중들의 공감대를 겨냥한 보편적 목적을 지니고 있다. 그런 까닭에 시적 동기와 연관된 확실한 물음과 그 물음을 풀어나가는 과정의 공공성, 주제의 통일성과 전하고자하는 메시지 등 한 편의 시를 통해서 전하고자 하는 기대가치에 골몰하게 되는 것이다. 그럼에도 실상에서는 이 보편적 가치질서를 창작의 당위로 받아들이지 않는 사람들이 너무나 많다는 사실이다. 왜냐하면 시시각각으로 다변화하는 삶의 일상에서의 진리에 대한 항상성은 이데올로기의 문제가 아니기 때문이다. 그것은 초월적 가치를 추구해온 수천 년간의 종교 활동으로도 특정하지 못한 가변적 가치인 까닭에 지난한 주제가 아닐 수 없다. 따라서 자기보신주의에 급급하여 쉽사리 자신과 타협하고 안주해버리는 경우가 허다하다.

거기에다 길이나 행갈이에서 비교적 열린 자유시가 아니라 시조라면 어떠하겠는가. 정형시라는 형식적 제약과 천년이라는 오랜 익숙함이 주는 '낡고 고루한 유물'이란 인식까지 불식시켜야 하는 장르이고 보면 시조라는 장르의 선택이 스스로 짊어진 멍에라 하지 않을 수 없을 것이다.

2

정나영 시인이 바로 그 시조집『별빛도 못갖춘마디』를 묶었다. 2009년에 등단하였으니 10년 만에 내는 첫 시조집이다. 요즘같이 문단에 나오자마자 시집부터 내놓는 세태를 감안하면 많이 늦은 셈이다. 물론 여러 가지 이유가 있었을 터이고 상황이 있었을 것이다. 더욱이 그 기간에 새로운 공부에 도전하고 집중하느라 혼신의 노력을 다하는 모습을 지켜본 필자의 입장에서 보면 그나마 다행스럽다는 느낌이 든다. 그가 처음 시조를 접하였을 때의 초발심으로 돌아간 것이라는 안도감과 그가 지닌 감성에 대한 기대감 때문이다.

그 같은 공백에도 불구하고 이번 시조집에 실은 작품들이 지닌 면모나 완성도가 결코 만만치 않다는 점에서 주목이 된다. 이번 시조집에 실린 67편의 작품 속에는 초기 습작시절에서부터 최근의 작품까지 망라되어 있어 외견상으로는 다양하다는 느낌이 우선이다. 하지만 작품마다 대상을 파악하는 예리한 시각이 엿보이고 자신의 감성 안으로 불러들이는 시적 보법이 선명하다. 초기작품에서 보여준 탄탄한 율격과 안정된 시조형식의 이해와 음악이라는 자신의 전공과 관련한 물상읽기는 차별화를 이루는 충분한 자장磁場이 아닐 수 없다.

여기서는 우선 초기 작품들에서 보여준 견조한 시조읽기와 형식질서로 해석한 단시조, 그리고 다양한 무색이 돋보이는 근년의 작품들로 묶어서 읽어보고자 한다.

마음 한켠 시려올 땐 찻물을 올린다
내 색깔 다 지우고 고요에 기대앉으면
슬며시 산이 건너와 빈 잔에 앉는다

바람 따라 걸어온 길 돌아보지 않으려고
다가가면 갈수록 슬픔만이 선명하다
눈 붉혀 외면한 자리 꽃잎 한 장 놓인 채

비우면 비울수록 채워지는 게 삶이었나
그 많던 고비 넘어 홀로 걷는 새벽녘에
풀잎도 젖은 귀 열고 환하도록 길을 낸다
–「길」 전문

이 작품에서 말하는 길은 물론 외양적으로 보이는 길이 아니라 형이상학적인 '길'이다. 신체적인 삶의 제한성을 벗어나 이상적 가치를 추구하고자 하는 과정에서 선택하게 되는 '길'의 의미와 그 접근단계가 담담히 그려져 있다. 따지고 보면 삶은 선택의 연속이다. 그리고 그 선택의 폭은 의외로 단순하고 좁다. 하나를 선택하면 나머지 하나는 놓아야 한다. 놓은 하나도 결코 외면 받았거나 버리는 의미가 아니라 선택하지 않은 것이다. 그리고 그 선택은 자의적이어야 하고 희망적이어야 하고 당위적이어야 한다. 눈앞에 전개되는 길을 두고도 그럴 진데 하물며 미래를 향한 상상 속의 길이야 더 말할 나위가 있겠는가. 그 같은 고민을 공유하는 자세가 다소곳하게 그려진 수작이다.

그런데 이 작품이 그의 첫 발표작이라니 믿기지 않

는 수준이다. 시조에 대한 형식적 이해와 내용적 수용이 놀라울 만치 치밀하고 웅숭깊다. 시조의 가장 큰 특징인 4음보의 효과적인 활용과 종장마다 반전을 겨냥한 생동감이 범상치 않은 수준에 이르고 있기 때문이다.

가야 할 길이 멀어 생각도 허기진 날은
마른 멸치 한 줌으로 장국을 우려낸다
퍼렇게 일어선 물결, 바다도 함께 우린다

오기도 부끄러움도 끓는 열탕 속으로
한 시대의 사투리가 짤막하게 지나가면
수평 밖 거친 물결도 은빛으로 날이 선다

파도의 등솔기를 갑판 위에 남겨두고
해체된 속살만큼 편서풍에 실려오는
섬 하나 닻을 내리고 가만히 와 앉는다

–「멸치장국을 우리며」 전문

전형적인 생활시조의 전범을 보여주는 작품이다. 이를테면 생활현장에서 만나는 실정실감을 자신의 요리

법대로 요리하여 그 맛을 공유하는 방식이겠는데 현대인들의 다양한 생활패턴이 잘 반영된다는 장점이 있다. 이 작품에서도 화자는 멸치장국을 끓이면서 그 끓고 있는 멸치의 근원지를 추적하여 바다와 만나고 사색의 촉수를 풀어 "수평 밖 거친 물결도" 만난다. 그리고 이내 "파도의 등솔기를 갑판 위에 남겨두고/ 해체된 속살"을 만나는 멸치의 존재를 인식하게 된다.

그리고 이어 누구나가 가보고 싶은 선망의 대상이며 멸치의 영역이던 섬도 함께 만난다. 막연하던 그리움의 실체를 특정하고 스스로 가라앉히고 삭여내는 마인드 컨트롤이 남달리 침착하고 섬세하다. 시가 아니면 어떻게 이런 사소한 꼬투리로부터 출발한 사고의 발아가 제공해주는 무한공간을 만날 수 있겠는가.

> 가로등도 잠이 깊어 혼미한 새벽 앞에
> 잃어버린 기억처럼 눈이 온다, 하얗게
> 아마도 감출 것 많은 지난날을 덮나 보다
>
> 마주보지 않으려고 문간 밖에 내버려 둔
> 뜨거운 숨결도 어지러운 발자국도

한 순간 슬픔을 건너 꽃이 되어 일어선다

간절한 마음일수록 수화조차 필요 없고
박수를 준비하는 객석의 고요처럼
마침내 홀로 깊어져 어둠마저 환하다
　–「눈 내리는 밤」 전문

이 작품 역시 정나영의 등단작품으로 초기 시조에 해당된다. 눈이 내려서 가시적인 세상의 흔적을 감춰버리는 상황을 마주하면서 자신의 지나간 삶을 돌아보고 새로운 각오를 다지는, 반성적 성찰을 겨냥한 시편이다. 이 세상 어느 누군들 감추고 싶은 일이 없겠는가.

"마주보지 않으려고 문간 밖에 내버려 둔/ 뜨거운 숨결도 어지러운 발자국도" 지우면 지울수록 "슬픔을 건너 꽃이 되어 일어"서는데 어떻게 내 것 아닌 것처럼 깡그리 묻어버릴 수 있겠는가. 밤눈처럼 지나간 일을 덮어버리기에는 이미 지나간 일들로부터 우리는 너무 멀리와 버렸으니 말이다. 그것이 선택 불가능한 일이라면 다가올 시간에게서 되풀이하지 않는 방법을 찾을 수밖에 없다. 지금이라도 세상의 이치와 순리를 따르는 자세가 시적 자아를 완성시키는 일이리라. 마지막 종장에서 "박수를 준비하는 객석의 고요처럼/ 마침내 홀로 깊어져 어둠마저 환"한 자성을 만나는 자세가 시조의 격조를 한층 높여준 수작이다.

3

현대에 오면서 시조가 연시조라는 이름으로 길이가 많이 늘어나서 몇 수씩 이어진 장편시조도 낯설지가 않지만 천년에 가까운 시간동안 '시조'는 3장 6구 12음보의 단시조형식이 주류를 이루었다. 최근 들어 다시 시조의 원형인 이 단시조에 관심이 확장되어 행갈이라던가 파격적인 장의 배치 등의 다양한 모색이 시도되고 있는 양상이다. 문제는 그 오랜 기간 검증되어 온 양식 질서 안에 현대적 실감실정이라는 내용을 담아내야 현대시조가 된다는 점이다. 아무리 조선시대의 시조가 명품이라 할지라도 지금의 의식체계나 가치구조와는 크게 다를 수밖에 없기 때문이다. 단수 형태의 시조가 오늘날에도 시조의 원형이라는 전제를 붙이면서 여기서 정나영의 단시조를 한데 묶어서 음

미해보자.

막 구워낸 스테이크
소기름이 몽글하다

괜찮다며 먹는 남자
기어이 떼내는 여자

부시다, 따로 또 같이
어떤 봄날 건너는
—「징검돌」 전문

우리가 흔히들 알고 있는 조선조의 시조, 즉 황진이의 「동짓달 기나긴 밤에」나 박인로의 「조홍시가」, 또는 김상용의 「사랑이 거짓말이」 같은 시조에서의 이미지와는 확연히 다르다는 점을 알 수가 있다. 「징검돌」이라는 제목을 떼어버리면 도무지 어떤 소재인가 조차도 모를 정도로 은유가 깊고 무겁다.

'징검돌'은 강이나 물이 괸 곳에 건널 수 있게 돌을 이어놓은 징검다리를 구성하고 있는 낱개의 돌을 지칭한다. 이 시조를 읽다보면 왜 징검다리라고 하지 않고 징검돌이라고 했는지 의문이 풀린다. 징검다리가 놓인 현장에서의 시각적 체험을 동기로 한 것이 아니라 강물의 이쪽과 저쪽, 그 별천지를 이어주는 징검다리를 구성하고 있는 징검돌의 기능과 의미를 빌려왔을 뿐이기 때문이다. 이 작품의 스토리를 구성하고 있는 장면은 "소기름이 몽글"한 "막 구워낸 스테이크"를 먹는 남녀에게 클로즈업되어 있다. 너무 많이 구워져 꺼멓게 탄 부위를 두고 남자는 "괜찮다며 먹"고 여자는 "기어이 떼내"며 주거니 받거니 하는 정경이다. 시인은 이 장면에서 강물을 건너 미지의 세계로 이어주는 징검돌의 한 역할과 동일시하여 바라보고 있다. 관찰력이 깊고 사유의 깊이가 돋보이는 착상이다.

파킨슨에 갇혀버린 누이의 봄이 짧다

부재중 전화번호 꽃잎으로 덮어두고

첫 소절 목젖에 걸린 고향의 봄, 내내 섧다

—「낮달」 전문

'낮달'이라는 제목만으로도 우선은 진부하다는 느낌

이 먼저 다가올 정도로 낯익은 소재다. 그런데 이 시조의 내용을 읽다보면 자꾸 더 낯설어진다. 행간마다 많은 의미를 함축시키고 표현에 극도로 절제를 가하였기 때문이다. 어쩌면 낯설다기보다 생뚱맞을 만큼 비약이 심하다고도 볼 수 있을 것이다. 그런데 선입견을 버리고 세세히 읽어가다 보면 거기에 시인의 의도가 있음을 알게 될 것이다.

낮달은 희미하여 존재자체를 인지하기도 쉽지가 않다. 그런데 밤이 되면 대지를 비출 만큼 환해진다. 불을 켠 것이 아니다. 낮의 그 상태 그대로지만 주변의 어두움에 대한 상대적인 밝음이다. 자신의 본디 지녔던 정체성을 그대로 유지하고 있으면서도 주변의 상황에 따라 참모습이 가려지는 경우가 얼마나 많을 것인가. 여기서 드러내고자 하는 '낮달' 역시 동일한 정황을 설득시키기 위한 예시에 다름 아니다.

초장에서 보면 파킨슨병에 걸려 짧은 봄을 보낸 누이를 등장시켜 체험을 통한 사실성, 현장성, 보편성을 확보하고 있다. 중장에서는 많이도 걸려오는 전화는 이미 받을 수도 없고 떨어진 꽃잎으로 그 현실을 덮음으로서 전개된 상황의 부질없는 모색을 시도하였다.

하지만 종장에 와서도 그 상황은 걷혀지지 않고 "목젖에 걸린 고향의 봄, 내내 쉶"은 낮달 같은 존재의 안타까움은 해결되지 않는다. 이 같은 깊은 은유적 탐구는 분명 시조의 품격을 높여주는데 도움을 줄 것이다. 다만 그럴 경우에도 독자와의 교감을 도외시해서는 안 될 것이다. 난해성에 대한 방치나 외면은 바람직한 자세가 아니기 때문이다.

라인강에 달이 뜬다
이백년 전 가라앉은

귀 먹은 베토벤이
수면 위로 건진 고요

속살을 내준 달빛에
피어오른 아다지오
–「월광소나타」 전문

이 작품에는 '–1악장'이라는 부제가 부기되어 있다. 1801년에 베토벤이 작곡한 〈피아노 소나타 14번〉의 1악장 '월광'을 듣고 거기서 연상되는 이미지를 시조로 옮겨놓은 작품이다. 우리에게 너무나 익숙한 이 곡은 느린 템포로 시작하는 서정적인 분위기로 달빛의 이미지를 드러낸다고 해서 '월광 소나타'라고 부르고 있다.

초장의 "라인강에 달이 뜬다"로 시작하는 표현은 월광소나타 피아노 연주에서 받은 이미지를 떠올리도록 한 도입이다. 그런데 그 추종불허의 절묘한 선율을 이끌어 낸 자가 바로 귀머거리 베토벤이었다니 얼마나 놀라운 일인가. 차라리 들리지 않았기에 가능하였던 고요가 아니었을까. 그런데 이 시편에서 의아해 보이는 점은 그 같은 탁월한 작곡이 가져다주는 연주에도 불구하고 시인의 섣부른 소감을 붙이지 않았다는 것이다. "속살을 내준 달빛에/ 피어오른 아다지오." '아다지오'는 느린 속도로 연주하라거나 연주하는 곡을 뜻하는데, 하다못해 느낌표 하나, 감탄사 하나 첨언하지 못하고 매듭을 지우고 있다. 아마도 그것은 정나영 시인이 바로 그 피아노 연주를 전공한 음악인이기 때문이 아닐까 생각된다. 정말로 황홀한 연주를 듣고 감격해 하였는데, 차마 아무런 감상평도 하지 못하는 경우였으리라 짐작된다.

무대 위를 점령하듯
하차투리안 우렁찬 음성

카프카즈 기웃대던
침입자를 호통친다

유유히 떠나간 자리
빛 푸른 전설 한 토막
–「소나기 1」 전문

이 작품 역시 감상음악을 현장에 옮긴 시편인데 '–하차투리안 토카타*'라는 부제가 붙어있고 '*소련 그루지아 작곡가의 피아노곡'이라는 주를 단 설명이 덧붙어 있다.

하차투리안(Khachaturian, 1903~1978)은 주에서 밝힌 대로 그루지야 티플리스 출생의 작곡가로 가난한 제본공의 아들로 태어나 모스크바로 그네신음악원에 들어가서 첼로와 작곡을 배우고 1954년 소련 국민예술가, 1963년 아르메니아 과학아카데미 회원이 되었다. 토카타(toccata)는 꽉 찬 화음, 빠른 주음, 불협

화음적 화성, 그외 여러 기교적 요소들을 사용해 연주자의 건반 연주 솜씨를 과시하도록 작곡된 연주의 한 갈래를 말한다. 스케일 악구와 장식이 현란하고, 리듬 · 화성 · 분위기가 급변하며 템포가 자유로운 것이 특징인데 시인은 하차투리안의 토카타를 들으면서 느닷없이 몰아치는 소나기를 떠올린다.

"무대 위를 점령하듯/ 하차투리안 우렁찬 음성"이 뇌성벽력처럼 지축을 흔들어놓고 러시아 남부, 카스피 해와 흑해 사이에 걸쳐 있는 "카프카즈" 산맥을 "기웃대던/ 침입자를 호통"치는 소나기의 이미지를 연상하였기 때문이다. 확장된 시적 상상력속에서 토카타와 소나기가 합일을 이룬 것이다. 그리고 그 같은 한시적인 합일이 풀리면서 토카타도 절정에 이르고 소나기도 그치게 된다. 아무 일도 없었던 것처럼 그렇게 제 모습으로 돌아온 뒤에는 "빛 푸른 전설 한 토막"만이 남아 있을 뿐이다. 어쩌면 이렇게 자신만의 잣대로 상상적 깊이를 더하는 것이 음악을 톱아 듣는 귀한 방법인지도 모를 일이다.

밤새 비는 자박대며 꽃무릇을 희롱하고

시 한줄 쓰지 못해 머릿속은 하얀 감옥

한 소절 금빛 노래를 번개처럼 맞고 싶다

—「시작詩作」 전문

정나영이 어떤 자세로 시조를 쓰는지, 시조와 그는 어떤 관계인지 그가 밝힌 「시작」이다. 교과서적인 모범답안으로야 문장표현을 통해서 자신의 내면의 상태를 들어다보고 미진한 곳을 수습하고 보완하여 새로운 방향성을 찾아나가는 정신적 길라잡이라는 설정이 가장 바람직하리라 생각된다. 그러나 이 원론적인 대답은 지극히 아마추어적인 생각이고 요즘과 같은 후기산업사회의 유통구조와 직업적 가치기준으로 보면 그 같은 자기수습과 새로운 길 찾기를 독자와 공유해야 한다는 당위성과 만나게 된다. 거기에 문학 활동이라는 새로운 공간이 자리하고 있기 때문이다. 공유하지 못할 자신만의 성과라면 오늘날의 문학 활동과는 거리가 멀다. 여기에 또 다른 고뇌와 갈등이 자리 잡고 있다.

"밤새 비는 자박대며 꽃무릇을 희롱하"는 일상적인 모습이지만 '밤새'라는 긴 시간대와 비가 내려 "꽃무릇을 희롱하"는 청각적, 심상적 절박감과 어지러움이 초장에 잘 나타나 있다. 그런데 시인은 "시 한줄 쓰지 못해 머릿속은 하얀 감옥"에 갇혀 있는 것이다. 이 답답하고 절박하고 간절한 심정이 그에게 가로 놓인 시조인 것이다. 한 구절의 가구佳句를 얻을 수만 있다면 무엇인들 하지 못하랴. "한 소절 금빛 노래를 번개처럼 맞고 싶다"는 종장의 간절한 발원이라면 시조에 대한 그의 진정성이 깊고도 확고하다.

4

인간은 어쩔 수없이 환경의 지배아래서 살아가게 되어있다. 자신의 DNA를 지각하면서 살아간다는 측면에서 보면 원초적으로 고독한 동물이기에 소크라테스가 말한 '사회적인 동물'의 생존방식을 쫓을 수밖에 없다. 그러기에 혼자서 결정한 선택이 자신이 속한 주변의 환경으로 인해 차단되기도 하고 낯선 미끼로부터의 유혹에 쉽게 노정되기도 한다. 더욱이 요즘과 같이 정보화가 고도로 확장된 국제화의 시대라면 더 말할 나위가 없이 가치관의 혼돈을 겪기 마련이다. 하지만 이 같은 많은 제약과 유혹과 구속에도 불구하고 인간이 만물의 영장인 까닭은 '자신이 자신의 운명을 결정하고 만들어간다'는 이유 때문이다. 우리가 형이상학의 범주인 예술을 선택하여 날마다 고민을 자초하는 까닭이 여기에 있다.

정나영의 경우에도 오랜 시작과정에서 적잖은 환경의 변화와 심상의 갈등이 고스란히 시편에 노정되어 있다. 초기 시편들이 보여준 안정감 대신 쫓기듯 보다 낯선 사건이나 물상들에 민감해하고 군데군데 자신의 대답에 대한 막연한 불안감에 내몰린듯한 시적 정황들이 내비친다. 물론 이는 나이와 주변 환경에 따른 심리적인 갈증의 단면이면서 결과적으로는 새로운 가치설정을 향한 모색으로 귀결될 것이다. 읽기에 따라서는 다소 거칠어지고 예리해진, 그러나 뜨거워진 가슴으로 쓴 작품들을 만나보자.

무심히 내버려 둔 소쿠리 속 귤 껍데기
어머니 노란 블라우스 앞섶이 헐렁하다
칠남매 떠나보내고 먼 기별만 기다리는

애월 바람 숭숭 들던 판잣집 아린 기억
떠밀리듯 뭍으로 와 호미질 굽은 생이
젖꼭지 등에 붙인 채 쪼글쪼글 누워 있다

내가 껍질 되고서 헤아리는 당신 무게
물기 빠진 살가죽에 오롯이 남은 향기,
비워도 가볍지 않은 어머니가 말라 있다

–「껍데기」 전문

이 작품에서도 여전히 다양한 의미를 부여해서 사물의 존재위의를 확장시키는 정나영 시조의 특징이 고스란히 살아있다. 첫 수에서는 귤을 까먹고 버리지도 못한 채 말라있는 귤 소쿠리를 보면서 시적 화자는 어머니를 만난다. "칠 남매 떠나보내고 먼 기별만 기다리는" "노란 블라우스 앞섶이 헐렁"한 모습이 영락없는 어머니였기 때문이다. 그리고 둘째 수에서는 그 어머니로 현현한 귤의 이력을 다시금 정리한다. "애월 바람 숭숭 들던 판잣집 아린 기억"과 "호미질 굽은 생이" "젖꼭지 등에 붙인 채 쪼글쪼글 누워 있"는 사실적 접근으로 비유의 진정성을 강조하고 있다.

이 작품에서 공유하고자 하는 작의는 그러나 셋째 수에 만날 수 있다. 그것도 초장의 "내가 껍질 되고서 헤아리는 당신 무게"가 주는 자기반성과 뉘우침이 곧 그것이다. 거듭거듭 반복하여도 다시금 애처로운 "물기 빠진 살가죽"이면서도 전에는 미처 맡지 못했던 "오롯이 남은 향기"가 주는 긍정의 자세 또한 독자의 공감을 증폭시키는 작용을 하고 있다. 게다가 자신은 저렇게 "비워도 가볍지 않은 어머니가 말라 있다"고 한 종장은 그 어떤 주장이나 강요가 없어도 스스로 살아있는 감정의 바이러스 역할을 대신해 준다. 집요한 논리나 요란스러운 설득이 없이도 어떻게 독자들의 감성과 만날 수 있는지를 보여준 시편이다.

눈부신 햇살 아래 발걸음이 천근이다

밀쳐내도 밀려오는 허물 벗은 절망들이

또 하루 젖은 외투를 무겁게 벗겨준다

새끼발 생채기는 아직 빨간 꽃잎이다

신발 끈 조여매고 첫새벽을 깨우면

별빛도 못갖춘마디, 시린 가슴 데운다

—「현관」 전문

이 작품은 이번 시집의 표제인 『별빛도 못갖춘마디』가 들어 있는 시편이다. 현관은 집에서 나가는 문이자 들어오는 문이기도 하다. 한 가족이라는 공동체의 공유이면서도 각기 다른 계산과 목적이 일어서고 좌절되기도 하는 공간이다. 이 작은 공간을 경계로 밖은 사회질서가, 안으로는 가족질서가 적용되기도 하며 서로 다른 꿈과 비밀이 시나브로 스쳐가는 곳이다.

화자는 이 현관의 이미지를 일터에서의 피로를 감싸 안아주는 휴식의 출입구로 파악하고 있다. "눈부신 햇살 아래 발걸음이 천근"인 몸을 이끌고 귀가하여 마침내 들어서는 가족적 공간의 안도감을 나타내고 있기 때문이다. 거기까지 와서야 비로소 "또 하루 젖은 외투를 무겁게 벗겨"주기 때문이다. 첫 수에서 보여준 정나영의 인식은 사회적 공간에서의 시간과 가족적 공간에서의 휴식이라는 등식을 확연히 구분해 놓고 있다.

그런데 그것도 잠시, "새끼발 생채기는 아직 빨간 꽃잎"인데 상처가 채 아물지 않았는데도 어떤 힘에 의해서 "신발 끈 조여매고 첫새벽을 깨우면" 안쓰러운 마음에 "별빛도 못갖춘마디, 시린 가슴 데"우는 또 다른 하루를 이 현관에서 맞게 되는 것이다. 쫓기듯 살아가는 우리네 일상이 이른바 못갖춘마디인 셈이다. 이처럼 이번 시조집에는 음악을 전공한 사람답게 음악적인 소재와 용어가 많이 등장하여 색다른 변별성을 느끼게 해주고 있다.

강진만 해풍 이고 들어선 터널 안에
옛 기억 빗장 풀듯 바람 한 점 맴돌고
선비는 구름을 따라 고개고개 넘는다

꼭 감은 두 눈 사이 몇 겹의 꽃이 져도
꼿꼿한 가부좌로 되새기는 뿌리의 말
학승들 글 읽는 소리 새벽길이 환하다

심호흡 길게 하며 빠져나온 좁은 출구

돌아본 백미러에 하늘은 먹빛이고

펼쳐둔 다산문답에 매화향이 절로 맑다

—「풀치터널*을 지나며」 전문

「풀치터널」은 주에서 밝힌 것처럼 '전라남도 영암과 강진을 연결하는 터널'이다. 그러나 이 작품에서는 지리적인 특징이나 변별성을 알리고자 이 소재를 택한 것이 아니라 다산초당으로 가는 길목이기 때문이다. 점점 더 가까워지는 강진 들머리에서 다산 선생의 유배길이 떠올랐던 것이다. 조선조 최고의 지성으로 일컬어지는 다산 정약용 선생은 신유사옥에 연루되어 강진으로 귀양을 가게 되었는데 1808년경 부터는 이 마을의 윤규로 3형제를 가르쳤는데 그의 아버지 윤박의 배려로 그의 산장인 지금의 다산초당에 거처하게 되었다. 거기서 그는 귀양에서 풀린 1818년까지 『목민심서』 등 수많은 저술과 실학을 집대성하여 오늘날 그 곳이 우리나라 실학사상의 최고 산실이 되었다.

그런데 정나영은 너무도 많이 알려진 다산의 이 같은 성과에 매달리기보다 먼발치서 바라보는 일이관지一以貫之의 자세로 외경심을 표현하고 있다. 첫수에서 보듯이 “강진만 해풍 이고 들어선 터널 안에”서 “선비는 구름을 따라 고개고개 넘는” 상상의 나래를 활짝 펴고 있다. 그러다 둘째 수에서는 아예 귀양살이쯤으로 시간이동을 해서 “꼿꼿한 가부좌로 되새기는 뿌리의 말”에 귀를 기울인다. 한 걸음 더 나아가 다산과 교유하던 초의선사의 대흥사 “학승들 글 읽는 소리”에 “새벽길이 환”해지는 꿈속에 빠진다. 그러다 얼떨결에 빠져나온 터널의 좁은 출구에서 백미러를 통해 뒤를 돌아보지만 하늘은 온통 먹빛이다. 아마도 당쟁에 휩싸인 당시의 시대적 배경을 나타내고자 하였으리라. 다시 한 걸음 앞으로 내딛자 “펼쳐둔 다산문답”이 펼쳐지고 “매화향이 절로 맑”아 자신의 처지를 비관하지 않고 전화위복의 계기로 삼은 다산의 정신을 ‘스스로 맑은 매화향기’로 비유하였다. 흔하디흔한 현장 시이면서도 장면묘사에 치중하지 않고 지적 상상력과 완미한 심성표현으로 또 다른 분위기를 연출해 낸 경우라 하겠다.

막무가내 던지고 간 강제철거 경고장
난장이 김 노인의 낯빛이 파래진다

평생을 버텨온 내력 종이보다 가벼운

번지수 찢겨버린 단칸방도 호사였나
쪽잠 속 깃발 꽂던 천국인 줄 몰랐다
끊어진 기타줄 감고 노래 없이 봄은 가고

폐수에 던져진 팬지 가쁜 숨 할딱일 때
아버지, 난생 처음 쇠공을 쏘아올린다
푸른 색 지붕을 넘어 햇살 맑은 내일 향해
—「난장이가 쏘아올린 작은 공*」

이 작품은 소설가 조세희의 단편소설『난장이가 쏘아올린 작은 공』을 읽은 독후감을 축약하여 감정을 입사하여 형상화한 시조다.『난장이가 쏘아올린 작은 공』은 같은 제목의 연작 12편 중 네 번째에 해당하는 중편소설로, 극단적 소외계층을 대표하는 난쟁이 일가의 삶을 통해 화려한 도시 재개발 뒤에 숨은 빈민들의 아픔을 그려내고 있다. 작가는 이 작품을 통해 소외 계층과 공장 노동자들의 실상을 파헤침으로써 1970년대 사회적인 문제였던 노동 현실과 사회의 구조적 모순을 폭로하였다. 궁극적으로는 산업 사회의 어두운 측면과

소외된 도시 노동자의 여러 문제를 다양한 기법으로 다루어 사회적 파장을 일으킨 작품이다.

이 작품의 첫수에서도 청천벽력과 같이 “막무가내 던지고 간 강제철거 경고장”을 받은 “난장이 김 노인의 낯빛이 파래진” 정황이 전개된다. 개발이 되면 삶이 더 나아져야 하는데 “평생을 버텨온 내력”이 던져 놓고 간 종잇장 한 장보다 가벼우니 삶의 희망을 어디서 찾을 수 있겠는가. 그러나 이 지경이 되고 보니 “쪽잠 속 깃발 꽂던” “단칸방도 호사였”다는 현실을 깨닫게 된다. 하지만 “끊어진 기타줄 감고 노래 없이 봄은 가”듯이 지나가버린 세월에 대한 자조 섞인 반성이 둘째 수에 이어진다. 그렇게 어렵사리 쌓아온 희망마저 무너져버리면 삶을 포기해야 하는 것일까. 소설에서 주인공을 통해 던져주고자 했던 메시지를 정나영은 마음의 행복 찾기라는 대안으로 읽었던 것이다. 따라서 “푸른 색 지붕을 넘어 햇살 맑은 내일 향해” “난생 처음 쇠공을 쏘아올”리는 아버지의 행동에 모든 초점을 맞추었다. 육체적 욕구충족이 아니라 정신적 합일에 무게를 둔 까닭이다.

5

이 밖에도 이번 시조집에는 「깃들다」, 「불면증」, 「이불」 같은 어머니, 혹은 아버지에 관한 여러 편의 작품들과 「오어사 운」, 「거제 포로수용소」와 같은 기행시조, 음악적 표현을 살린 생활시조가 다양하게 실려 있다.

정나영의 이번 시조집은 우선 시조의 정형성을 제대로 이해하고 있을 뿐만 아니라 오히려 가변적 질서로 활용할 줄 아는 힘을 보여주고 있다. 단 한 수도 3장이라는 양태를 흩트리지 않았음에도 의고조의 고루함이나 식상함을 전혀 느낄 수가 없다. 자신만의 예민한 감성과 언어감각으로 전통성과 현대성을 적절하게 조화시켰기 때문이다.

시조는 우리나라의 국격을 높여준 자랑거리이자 세계적인 유산이다. 오래된 유물이라는 선입견으로 근접조차 하지 않은 채 폄하에 열을 올리는 지극히 어리석은 시간들이 있었지만 이제는 시조의 새로운 자리매김을 해야 마땅하다. 오래된 것을 말하자면 서양의 자유시만한 것이 있겠는가. 하지만 4천년에 이르는 그 오램이 자유시의 장애로 받아들이는 사람이 있었던가. 굳이 궁색한 빌미를 찾을 양이면 정형성이겠는데 시조의 정형성 또한 우리 한글이 지닌 특성이 가장 잘 발현될 수 있는 창조적 질서이고 보면 이러한 자세도 사대적 근성이라고밖에 그 구실을 찾을 수가 없다.

시조의 정형성을 제대로 이해하고 작품에 반영한다는 것은 시조시인이 갖춰야 할 지극히 당연한 기본이다. 그럼에도 이런 모습이 돋보이는 것은 작금의 시조가 아직도 형식파괴나 파규破規에서 자유롭지 못한 까닭일 것이다.

정나영은 이번 시조집에서 여러 가능성을 보여주었다. 음악적 감성으로 계량된 시제의 포착과 삶의 현장에 사색과 사유를 끌어들인 생활시조의 새로운 가능성, 역사적 공간에서의 다양한 모색, 자성적 성찰을 배경으로 그려낸 은유의 깊이는 앞으로 그의 시조를 기대하게 하기에 충분하다. 이번 시조집 상재를 계기로 보다 선명한 자신의 색깔을 확보하고 작품의 양을 늘려 시조단의 기대에 부응하기를 기대한다.